Das didaktische Konzept zu Sonne, Mond und Sterne
wurde mit Prof. Dr. Manfred Wespel, Pädagogische Hochschule
Schwäbisch Gmünd, entwickelt.

Beim Druck dieses Produkts wurde durch
den innovativen Einsatz der Kraft-Wärme-Kopplung
im Vergleich zum herkömmlichen
Energieeinsatz bis zu 52% weniger CO_2 emittiert.

Überarbeitete Neuausgabe

© Verlag Friedrich Oetinger GmbH, Hamburg 2008, 2012
Alle Rechte vorbehalten
Vormals erschienen 2008 unter dem Titel „Der Wutkuchen"
Titelbild und farbige Illustrationen von Miriam Cordes
Druck und Bindung: Mohn media · Mohndruck GmbH, Gütersloh
Printed 2012
ISBN 978-3-7891-1252-2

www.oetinger.de

Paul Maar

Hannes
und die Wut im Bauch

Bilder von
Miriam Cordes

Verlag Friedrich Oetinger · Hamburg

Inhalt

1. Hallo, Hannes

Hannes kommt von der Schule
nach Hause.
Er knallt die Flurtür zu
und haut seinen Schulranzen
in die Ecke.

„Hallo, Hannes",
begrüßt ihn Mama.

Aber Hannes gibt keine Antwort.

Mama wundert sich:
So ist Hannes doch sonst nicht.
Sonst ist er doch
immer fröhlich.

„Hallo, Hannes",
sagt Jan,
sein kleiner Bruder.

Hannes gibt wieder
keine Antwort.

„Was ist denn los
mit dir?", fragt Jan.

Hannes guckt Jan
nicht einmal an.
Er rennt ins Kinderzimmer
und knallt schon wieder
mit der Tür.

Jan wundert sich:
So ist Hannes
doch sonst nicht.
Sonst ist er
doch immer freundlich.

Auf Hannes' Bett
liegt die Katze Lilli.
Gestern hat Hannes die Katze
in den Arm genommen
und sie gestreichelt.

Heute sagt er „Los, hau ab!"
und schiebt sie
ganz grob vom Bett.
Die Katze wundert sich:
So ist Hannes doch sonst nicht.
Sonst ist er doch
immer lieb zu ihr.

Wenig später geht die Tür auf.
Mama kommt ins Zimmer.
Hannes liegt auf seinem Bett
und starrt an die Zimmerdecke.

Mama setzt sich neben ihn.
Sie fragt:
„Was ist denn los mit dir?"
„Ich hab eine Wut!
So eine Wut!",
schreit Hannes.

„Was hat dich denn so geärgert?",
fragt Mama.
Sie streichelt über seine Haare.
„Erzähl doch mal!"

Erst will Hannes nichts sagen.
Dann erzählt er aber doch
von dem furchtbaren Tag heute.

2. Der furchtbare Tag

Erst hat er vergessen,
dass sie ja dieses Gedicht
auswendig lernen sollten.
Und wen ruft Frau Goll,
die Lehrerin, auf?
Ausgerechnet ihn!

Nicht mal drei Zeilen
von dem Gedicht
konnte er aufsagen.

Die Lehrerin hat gesagt:
„Hannes, das hätte ich nicht
von dir gedacht.
Du bist doch sonst
immer so fleißig."

Hannes hat sich geschämt,
und die anderen aus der Klasse
haben auch noch gelacht.

In der Pause hat er dann
Lukas gefragt,
ob er heute Nachmittag
zum Spielen zu ihm kommt.
Aber Lukas hat keine Zeit.
Er ist nämlich bei Bodo
zum Geburtstag eingeladen.
Ausgerechnet bei Bodo,
der Hannes immer ärgert.
Er hat schon einmal
zu Hannes gesagt:
„Doofer Stinker!"

Das weiß Lukas ganz genau,
und trotzdem geht er zu Bodo.

Macht so was ein Freund?
Nein, ein echter Freund
macht so was nicht!

Auf dem Heimweg
kam es dann ganz schlimm.
Da hat ihm nämlich
Kai aus der dritten Klasse
die Mütze vom Kopf gerissen
und über einen Gartenzaun geworfen.

Hannes musste
bei einem ganz fremden Mann
an der Haustür klingeln.

Er musste fragen,
ob er mal in seinen Garten darf.
Weil da nämlich seine Mütze ist.

Der Mann war ganz brummig
und hat gesagt:
„Und deswegen holst du mich
vom Mittagessen weg?
Kannst du nicht besser
auf deine Mütze aufpassen?"

21

3. Der Wutkuchen

„So eine Gemeinheit!",
sagt Mama
und nimmt Hannes
in den Arm.

Jetzt kommen Hannes
die Tränen.
Er weint und weint.

„Ich weiß ein gutes Mittel
gegen Wut",
sagt Mama.

„Wir backen einen Kuchen.
Einen Rührkuchen.
Und du darfst rühren."

Hannes hört auf zu weinen.

„Das soll helfen?", fragt er.

„Klar", sagt Mama.

Hannes will es nicht glauben.

„Aber ja", sagt Mama.

„Kennst du nicht das Sprichwort:

‚Wenn wir die Wut
in den Kuchenteig rühren,
ist von der Wut
gleich nichts mehr zu spüren.'?"

Jetzt lacht Hannes.
„Das hast du gerade erfunden",
sagt er.
„Kann schon sein", sagt Mama.
„Aber es hilft."

Hannes sagt: „Also gut.
Dann backen wir
zusammen einen Rührkuchen.“

Als der Kuchen fertig ist,
will Hannes ihn
gleich anschneiden.

Aber Mama sagt:
„Wir müssen ein bisschen warten.
Erst muss der Kuchen
kalt werden.

Du kannst ja solange
dieses Gedicht lernen.
Das Gedicht,
das du in der Schule
nicht gekonnt hast."

Danach sitzen alle am Tisch:
Mama, Hannes und Jan.
Sie essen den Kuchen
und trinken Kakao.

Jan sagt:
„Mama, der Kuchen schmeckt
ganz besonders lecker.
Ist das ein Butterkuchen?"

„Nein", sagt Hannes.
„Das ist ein Wutkuchen."

4. So eine Wut!

Als Hannes
am nächsten Tag
aus der Schule kommt,
macht er leise
die Flurtür zu.

Dann hängt er
den Schulranzen
an den Haken.

Jan kommt aus dem Kinderzimmer.
Hannes fragt:
„Hallo, Jan, wie geht's?
Was hast du denn heute gemacht,
als ich in der Schule war?"
Jan sagt: „Ich habe gespielt,
dass mein Ritter
mit einem Drachen kämpft."

„Und wer hat gewonnen?",
fragt Hannes.
„Der Drache war stärker", sagt Jan.

Hannes sagt:

„In meiner alten Spielkiste
habe ich noch einen Ritter,
mit dem ich früher
immer gespielt habe.
Den schenke ich dir.
Dann kämpfen zwei Ritter
gegen den Drachen
und gewinnen."

„Danke", sagt Jan
und freut sich.

Da kommt die Katze
aus der Küche.
Hannes ruft: „Hallo, Lilli!"
Er nimmt die Katze
in den Arm und streichelt sie.

Dann geht er in sein Zimmer,
legt sich aufs Bett
und guckt zur Zimmerdecke.
Kurz darauf geht die Tür auf.

Mama kommt ins Zimmer.
Sie fragt: „Willst du mir nicht
Hallo sagen?
Was ist denn los mit dir?"
Hannes sagt:
„Ich hab eine Wut. So eine Wut!"

Mama staunt. Sie sagt:
„Du siehst aber gar nicht
wütend aus.
Erzähl doch mal!
Wie war denn
dein Tag?"

5. Lauter gute Sachen

Hannes erzählt:
„In der Schule
habe ich zur Lehrerin gesagt:
‚Frau Goll, jetzt kann ich
das Gedicht auswendig.'
Ich habe es aufgesagt
und alle aus der Klasse
haben geklatscht.

In der Pause habe ich
Lukas gefragt,
ob er heute zum Spielen
zu mir kommt.
Lukas hat
Ja gesagt.

Er hat erzählt, dass es ihm
beim Geburtstag von Bodo
überhaupt nicht gefallen hat.
Er ist gleich wieder
nach Hause gegangen,
weil er Bodo ganz doof fand.

Auf dem Heimweg bin ich
an dem Haus vorbeigegangen,
an dem ich gestern geklingelt habe.
Der Mann hat
aus dem Fenster geschaut.

Er hat freundlich gelacht
und zu mir gesagt:
‚Na, heute hast du
deine Mütze ja auf dem Kopf.'"
Mama sagt:
„Das sind doch lauter gute Sachen!
Warum erzählst du mir,
dass du wütend bist?"

Jetzt muss Hannes lachen.
„Weil wir dann wieder
einen Wutkuchen backen",
sagt er.
„Und der Kuchen
hat so gut
geschmeckt!"

Hallo!
Ich bin Luna Leseprofi.
Ich fliege durch das All.
Und ich bin ein echter Leseprofi.
Möchtest du mit mir lesen lernen?

Dann beantworte die 6 Fragen.
Löse jetzt das Rätsel und komm mit
in meine Lese-Welt im Internet.
Dort gibt es noch mehr
spannende Spiele und Rätsel!

Leserätsel

1. Wer wundert sich?

R: Papa wundert sich.

S: Jan wundert sich.

E: Lukas wundert sich.

2. Was musste Hannes in der Schule?

U: drei Meter weit springen

L: eine Rechenaufgabe lösen

C: ein Gedicht aufsagen

3. Am Nachmittag geht Lukas …

H: … einfach zu Bodos Geburtstag.

T: … nur mit Bodo Fußball spielen.

L: … ohne Hannes zum Spielplatz.

4. Kann Mama Hannes trösten?

E: Nein, Hannes muss den ganzen Tag weinen.

N: Ja, sie geht mit ihm in den Garten.

U: Ja, sie backt mit ihm einen Kuchen.

5. Hannes' Wut schmeckt …

L: … nach Butterkuchen.

R: … nach Käsebrot.

E: … nach Erdbeer-Eis.

6. Wer kommt am nächsten Tag zum Spielen zu Hannes?

N: Bodo kommt zum Spielen.

E: Lukas kommt zum Spielen.

S: Frau Goll kommt zum Spielen.

Lösung: SCHULE

Hast du das Rätsel gelöst?
Dann gib das Lösungswort unter
www.LunaLeseprofi.de ein.
Hole deine Familie, deine Freunde
und Lehrer dazu. Du kannst dann
noch mehr Spiele machen.
Viel Spaß! Deine Luna

Ab in die erste Liga mit Superkicker Jacob!

Rüdiger Bertram
Jacob, der Superkicker
ISBN 978-3-7891-0659-0

Rüdiger Bertram
Jacob, der Superkicker. Trikot gesucht
ISBN 978-3-7891-0665-1

Jacobs Fußballtraum wird wahr: Ein Topverein will ihn haben! Stürmer Tom ist neidisch und macht Jacob das Leben schwer.

Endlich hat Jacob ein neues Trikot mit seinem Namen und der Nummer 10. Doch kurz vor dem ersten Heimspiel ist das Trikot plötzlich verschwunden.

Oetinger

Mit Lesespielen im Internet. Lesepatenmodell für Lehrer und Eltern.
www.LunaLeseprofi.de und **www.oetinger.de**

Sonne, Mond und Sterne

1./2. Klasse

Große Abenteuer für beste Freunde!

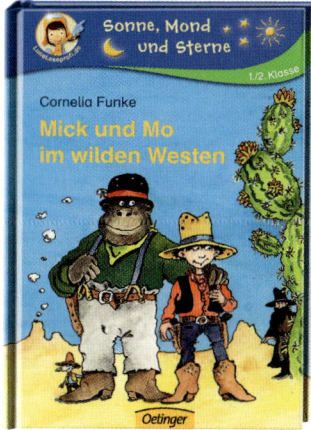

Cornelia Funke
Mick und Mo im wilden Westen
ISBN 978-3-7891-1203-4

Antonia Michaelis
Papa, ich und die Piraten-Bande
ISBN 978-3-7891-1219-5

Mick und sein Stoffgorilla Mo landen im wilden Westen und helfen Sheriff Lasso-Hilda, gefährliche Banditen zu fangen.

Piraten im Wohnzimmer! Johan traut seinen Augen nicht. Papa steht gefesselt an der Stehlampe. Wie kann Jonas ihn retten?

Oetinger

Mit Lesespielen im Internet. Lesepatenmodell für Lehrer und Eltern.
www.LunaLeseprofi.de und www.oetinger.de